转个弯，怎样都幸福

弯弯的生活小语　弯弯 著

人民文学出版社

to wan²
这次这本书跟以往走搞笑路线不同，比较感性一点
唔咳-大家好-我是弯弯-很高兴您阅读这本书
模仿结束
其实呢..
不是什么大道理啦，算是分享我面对挫折时的一些想法。
第一格的 to wan² 就是给我自己的意思

这六年多来，我经历了许多事情，有欢笑、有挫折
就像坐云霄飞车一样
……………
但我可不敢坐真正的云霄飞车..
谁逼我坐我就杀谁！
每个人的人生都像这样有起有落，没有永远的高点，也没有永远的低点
……好刺激
而当人生处在不如意的时候，该怎么去面对呢？
人非圣贤孰能无过～
这本书就是要提醒我自己遇到困难时该如何积极去克服
配上我自己很爱举的一些怪例子

对我来说，人生也是不断地选择
朋友
学校
工作
对象
我们可以选择要过怎样的生活
某个创作者有句名言..
人生就是不停地战斗
但是当遇到自己无法掌控的状况时
啊·下雨了
我们可以选择换个想法，以乐观的态度去面对。
都涼好了~

其实这本书对我来说也算是全新的挑战
文法不顺
小故事大道理
欧洲GO了没是身体上的折磨
这本是心理的折磨
好难一
想不出来~
书读太少一
但只要这本书能鼓励到一个人，那再怎么辛苦都是值得的。
痛苦out!!
让我们一起成长吧一
Let's go~
一起寻找平凡人生中的小幸福!
希望大家会喜欢这本书并且越来越喜欢自己的生活。

幸福像狗绳

带谈^{2}和阿鲁去散步

你买了这个水晶球
一定可以得到幸福
真..真的?
请保佑我
得到幸福
幸福是什么呢?
我只要看谈^{2}和阿鲁
的睡相就感觉很幸福

解开狗绳让你自由一会吧~
别跑太远啊
咻——
YA——!
猎犬→
完全没在听!!
臭阿鲁!!回来啊!!!
呼呼呼
←运动不足
回来——!!!
↑乖乖跟着
别不要吃草!!

我在这啦—
但抓不到～
这种感觉…就像是…
幸福!?
突然
想到一则故事…
呼—
呼—
妈妈～幸福在哪里～?
呵呵,在你的尾巴上啊
我追不到～
幸福啊
傻孩子
你只要往前走幸福就会跟着你啊—
是耶—
我怎么变星星了

改编成我的版本就是…
没错的啦
幸福就像是没系狗绳的阿鲁…
你越去追它越抓不到，
但它其实一直在你身边
其实只要懂得
多用点心去感受，幸福便俯拾即是
好好吃喔—
好幸福~
美丽动人—
好幸福
天空好蓝树好绿
好幸福—
真有活力的幸福啊…
别跑太远啊—

幸福靠的不是苦苦追寻，

而是珍惜当下。

傻劲与挫折

学生时期很爱画画投稿
咦~你要去投稿哦? 我本来也想试试看
但是怕被退稿很丢脸又白费工夫
不试试看怎么知道
反正我脸皮厚嘛~
结果..
锵——
真的没上啊…
画
画 画
哼—
反正大不了
就多试几次嘛!!

就这样来来回回地投稿..退稿..
哼!
这次再加强!
上次不够好!
最后终于..
刊出来啦~
YA!!
喔喔真的上了耶
很容易嘛—
早知道
我也去投稿
哪有—
我投了20几次耶..
与其后悔自己什么都没做,
不如跌跌撞撞地前进啊—

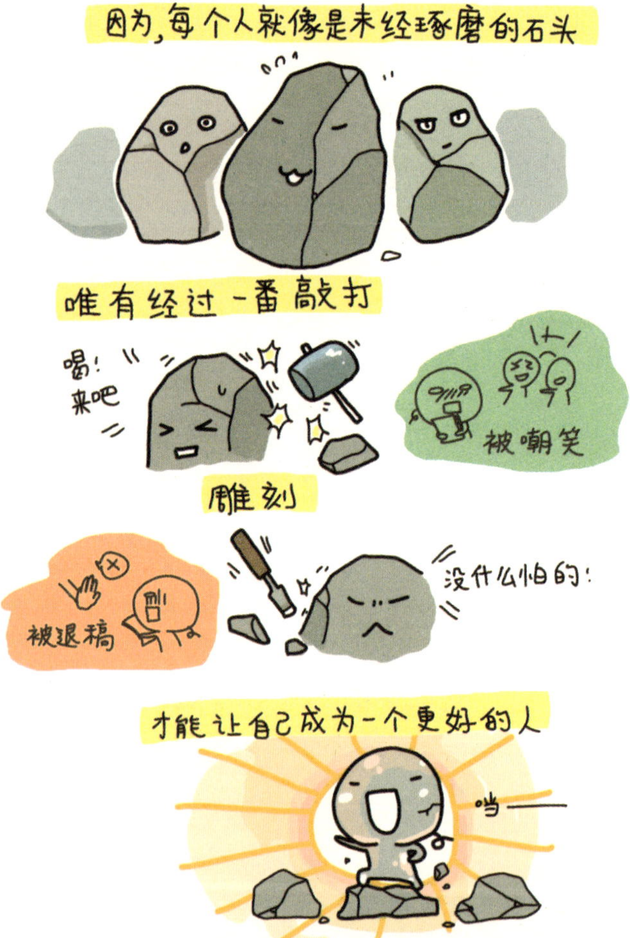
因为，每个人就像是未经琢磨的石头
唯有经过一番敲打
喝！
来吧
被嘲笑
雕刻
被退稿
没什么怕的！
才能让自己成为一个更好的人
噹——

如果一开始就因为害怕遭受挫折
而不敢尝试
好像很痛，
失败了怎么办？
我不要
那就永远都只是个石头
无法让自己更有价值
如果因为
害怕失败
而什么都不做
那就永远不可能成功。
报名表
所以说，
不要害怕失败
失败的经验
都会累积为成功的养份
勇敢踏出第一步吧——
不要怕!!
像买乐透一样 买了不一定会中，
但不买是一定不会中的啊
不try一下
怎么知道呢~
8..
16..
是这样说的吗!?

挫折会让人受点伤，但无法将你击倒，

再给自己一次机会傻傻往前冲吧。

是拥有还是失去

衣服太多了..每天都要想应该穿什么出门
好烦恼哦
要配什么鞋子啊？
鞋子只有几双的人
（对鞋子很不在意）
轻松
今天就穿娃娃鞋好了
布鞋..
娃娃鞋..
拖鞋..
要吃什么好呢
想吃日本料理..又想吃牛排..
啊...钱都不够用啦...
日子怎么这么难过～
夜市的雪花冰好好吃～
好幸福哦～
牛奶跟花生
味最棒!!

生活开不开心，取决于什么呢？

有很多外在因素是我们无法改变的

但是，我们可以改变自己的心态

例如与其买个大房子，却无法负担房贷

不如符合自己能力，买个小一点的

生活也比较轻松

毕竟人的欲望是无穷的
如果永远都不知足，生活当然无法开心

明明已经穿得很好了…

当你想得到更多，就得付出更多
不如珍惜已经拥有的

生活单纯点，烦恼也会少一点

因为当一个人拥有越多
往往也更害怕失去
所以不用羡慕
拥有很多的人，
得到越多，有时反而失去越多
像是自由等等
单纯简单
也可以很幸福
举例来说
像我…
完全不用担心
减肥会瘦到胸部
因为我没有
胸部～
哇哈哈
好正面思考!!!

快乐并非来自于拥有的比别人多，

而是想要的比别人少。

送别人一盆花

从前从前,有个人的家里很乱
是拿我当范例吗!?
事实上你房间的确也很乱
某天,有人送了他一盆花
送你,但不代表我们要在一起哦
谢你喔
....
要放哪呢?
被鬼打到的房间
放这好了

……怎么..好突兀哦..
先把桌子清一下好了
怎么换成桌子变突兀?
周围也要整理一下..
旁边的床..
书柜..
地板..
呼..
总算...花看起来比刚才更美了!

FOX哥..哦不..这个人因一小盆花，
生活从此发生大变化
啧·酬劳好少
让我想起小C的例子
小C
小C
我帮你
修个眉毛吧！
室友
哦哦-看起来有精神多咧
对吧~
早就看它不顺眼了..
啊 不是..
修了眉毛之后...
感觉应该
打扮一下

她也因为一点小改变..最后整个人焕然一新
化妆
隐形眼镜
减肥
谁啊?
小C旗舰版?!
小小的改变..大大的不同...
修眉的人
你也可以当个送花的人..
不管是一件东西..一句话
或者是一个举动
都可以帮助别人变得更好~
为了搭配我的新鞋,所以我把全套买下来了~
小改变大不同嘛
这样才搭嘛!
不一样不一样!!

许多美丽的改变，

都源于一个微不足道的开始。

无知是幸福的

耶~最喜欢租漫画书
出新的了~
边吃零食边看租回来的书
真是人生一大乐事~
有天在租书店…
……!!
抠
抠
边抠脚边看

原来…书…这么脏…
回忆走马灯
有一次我哥要刷牙时…
吸盘
牙刷架
……?

蟑螂在厕所跟我的牙刷抱在一起~~!!
咦咦~好恶心~!!!
从此之后...
新牙刷
这支牙刷会不会也被蟑螂爬过...?
只是我没看到...
造成心中的阴影
有些事情..你一旦知道了..就再也回不来了...
再也不敢边吃边看书...
刷牙好可怕...

人在幼儿的时候是最幸福的
因为什么都不知道

长大后…知道得越多..烦恼也越多..

有些时候,什么都不知道反而也不错

但该知道的还是要知道…

脑袋装得太满也不会比较开心，

偶尔当个傻瓜也不错。

牛排与甜点

有次在接受采访时被问到…
请问你知道XXX(某个艺术创作者)
记者
当然啊
他的风格比较华丽
内容很有深度,很受欢迎
天外飞来一问
呆~
你为什么不画些那样的作品呢?
呃…
这个嘛…
是说我画风简单内容肤浅吗?
是没错啦…
但…
你喜欢他的
就去看他的啊!
喝!
我…我会努力学习的…
不知道该如何反应
乱回答一通

后来仔细思考…
……
这样的比较
就像是牛排跟甜点
两个是不同的食物啊
牛排很美味，甜点也很可口
我想吃牛排
我想吃甜点
我们应该让这世界多元化
而不是希望甜点变成牛排吧？
甜牛排？
无法想像

盲目地模仿别人
只会让自己变得不伦不类

不停和别人比较，也不会过得更开心

重要的是善用自己的优点
发挥个人特色。

因为选择越多，生活才会越有趣
所以你只要做好你自己就可以了。

创作风格是无法比较的，就像牛排与甜点，

吃了美味的牛排之后再来一客甜点，

不是更美妙吗？

爱情傻事

记得以前有段恋情
虽然分隔两地,但还算顺利
有一天…
你怎么没接电话呢?
…喔..我在打球
这样啊~
结果…
我喜欢上别人了..上次说打球其实是跟她在一起..
干嘛跟我说呢..
而且还是用短信…
……
当时感到一阵天旋地转
什么?
怎么回事??

发呆一会儿后开始失去理智
歇斯底里
夺命连环call
铃~
铃~
疯狂短信攻击
然后陷入一蹶不振的状态
为什么…
是不是
我哪里做错了…
唯一的好处是变瘦了….
变得非常软弱..没有自信..
你好吗?
优柔寡断的男人
哇..他传短信
关心我…
被手机制约
为何没回传…
是不是我不该那样写?
他会不会不理我了~
心情大受对方影响

在这样的折磨下..有一天..
正在用刮刀工作中
如果我受伤了..就有理由传短信给他..
他就会多关心同情我一点吧…?
忽然冒出这种想法

不对！
我在想什么!!
这样很痛耶~!!!
虽然失恋很容易让人失去判断力..
做出平常不会做的事...
跑到对方家楼下
不可以~
你不在乎我~
我们之间算什么!!
好害羞..
不自觉说出
偶像剧的台词
但最重要的是...绝对不可以伤害别人跟自己
即使用这种手段
获得一时的同情，对方也
不会因为这样而回来
人生是你自己的
不要为一个不珍惜你的人
而去伤害自己!!
不好的回忆就当成宝贵的经验
撑过去就海阔天空啦
还可以
拿来赚钱呢..
又胖回来了

希望在别人爱你之前，

先学会如何爱自己。

信任之塔

每个人与他人之间都有座信任之塔

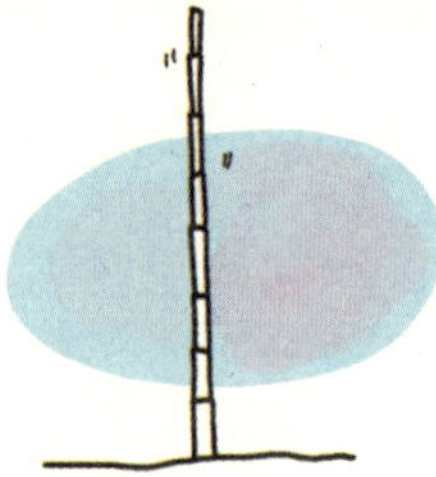

当有一方破坏了信任

就等于是推倒了
别人对你的信任之塔

要重新建立起原来的塔是很难的

甚至再也得不到信任
聚餐？
是去找那女人吧
是真的啦…
永远的芥蒂…
可能导致最糟糕的结果..
离婚
结婚不过只是一张纸…
就算是百年老店，只要信任之塔被推倒
验出黑心食品
因为便宜，枉顾人命!!
好可怕！
太可恶了!!
哐啷一！
长久建立的信誉也会一夕瓦解
欺骗客人..
结束营业

人跟人之间,不管是相处或合作
最重要的就是信任

再多的合约都比不上信任

所以说，信任是别人给你的珍贵物品
而且非常脆弱
破坏信任比建立信任容易
请珍惜别人对你的信任
像社长有次怕我迟到
偷偷把约定的时间提早半小时
从此我再也不相信他讲的时间了!!
塔倒了啦
倒了
害我在那空等!!
怪我咧
明明就是你自己爱迟到的错吧!!
跟这个主题不合吧!!

破坏比建设容易，

务必珍惜辛苦建立起来的信任之塔喔。

一 步 一 脚 印

我小时候是个沉默的小孩
……
难得开口说话也很不会表达
就是..
我是说…
意思是…
?
出社会后不得不开始学着沟通
……
……
……
试着跟不熟的人聊天..
…你有看过那部电影吗?
呃..有…我不知道..
好不好看…
因为
很在意别人的想法
所以讲话很没主见
如果我说难看
但他其实很
喜欢怎么办?

出了书之后…
你…你好…
Hi
……
……
静~
要讲啥啊~?
讲话啊~
经过长年反复的练习….
补充宅知识
最近流行…
大家好~!!
偶似……!!
没关系
我们可以
多试几次
要在这么多人面前讲话么!?
闪瞎了我!
这样累积下来，我渐渐成长不少
Lv.up!!

冷静，清楚地表达出来

原本很紧张的访问，慢慢变得自然不少

就算不擅长某件事情，但只要肯做个十次、二十次
最后就算没有90分，也会有70分！

像是把你丢到国外一年你就会英文了。

画不好的漫画家出书出到后来也会越画越好。

在你放弃自己之前，有没有先付出努力去克服缺点呢?

没有能不能，只有想不想！

只要有心 练习

一定可以勤能补拙!!

同一件事做上百次..

不信你不会进步...

不过我现在对于在众人面前讲话这件事还是很怕就是了...

不要觉得自己走得慢，

至少你比不想前进的人快一些。

生活与活着

经常发现，有些人不爱惜生命
有些人想活但活不下去
我想死~
我想活…
如果说寿命可以转让
我不要了送你吧
真..真的吗？
命
然后开始变成地下买卖..
世界上活着的都是有钱人..
哼哼—
收购来的命
够我活好几百年了
好过气的有钱人造型..
这样子
也太可怕了吧!!!
还好在死亡面前
每个人都是平等的

而且一味追求长生不死..又有什么意义呢?

生命就是因为有限
才会如此美丽。啊..

毕竟人生不是要活得久 而是要活得精彩

"活着"就像是住在一间很空的大房子里

而"生活"则是在有限的空间里加入自己
喜欢的事物,过得很开心

人生是由各种不同的成份所组成的

不要因为失去了
其中一项就放弃整个人生

而且未来的事很难讲，活着才有无限可能
一旦选择死亡，那就真的什么都结束了

因为未来很难预料

所以活在当下才是最重要的

找到自己的人生目标

并且充实精彩地生活着，是生命的课题之一

而我的人生目标就是希望

自己能够让大家感到幸福

生活的每一刻都是新的开始，

继续追求未来的梦想，忘记过去的痛苦。

暑假作业

相信许多人小时候放暑假都有相同的经历
第一个月用力地玩乐
哇哈哈
第二个月开始担心作业
惊!
午睡中
但不打算起来
直到开学前…
死定啦啊啊啊一
28

而我到现在还是不改这劣根性呢～
啾咪
……
啾咪个鬼..
像是当我知道…
唉—
这礼拜
要交五件作业啊..
稿子的别称
整个礼拜我都会挂在心上
打电动时…
啊..
有作业要做
逛街时…
算便宜一点
作业还没画、

整个变成工作时想玩...

玩的时候想着工作...

结果搞得整个礼拜都很焦虑

这就是所谓不见棺材不掉泪...

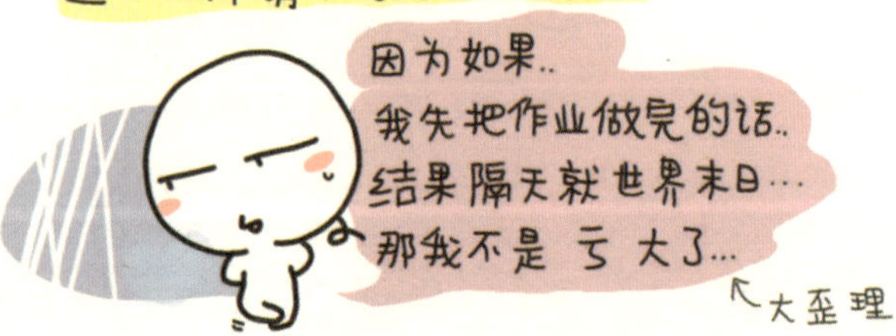

隔天还是要面对现实
世界末日没来啊
再不画就是我的末日了
总是到了最后一天，才把自己累得半死
每次出画都是这种状态
不可能啦..
绝对没办法..
我会死..
画不完~
←让爹娘产生我认真工作好辛苦的错觉
殊不知其实是自作孽...
决定了!! 下次一定要提早进行，提早完成!!
先苦后甜!!
大家共勉之啊!!
回想起来...
居然每次都还能如期出书，太神奇啦~
根本没有如期好吗!! 都快被印刷厂跟销售商追杀了!!
少自我感觉良好

不是时间不够，

而是都被自己浪费掉了。

为自己负责

我要吃这个
好 好
……
不好吃！不吃了!!
……
喔..
那妈妈
把它吃掉..
吃掉，不然没晚饭吃
什..什么啊
你谁啊
吃～掉～
妈～妈
好..好啦～

例如当你决定养宠物时
就必须对它们的一生负责

在做任何决定及选择之前
都要仔细思考，并且勇于承担后果

不能用任何理由弃养，
让它们流落街头

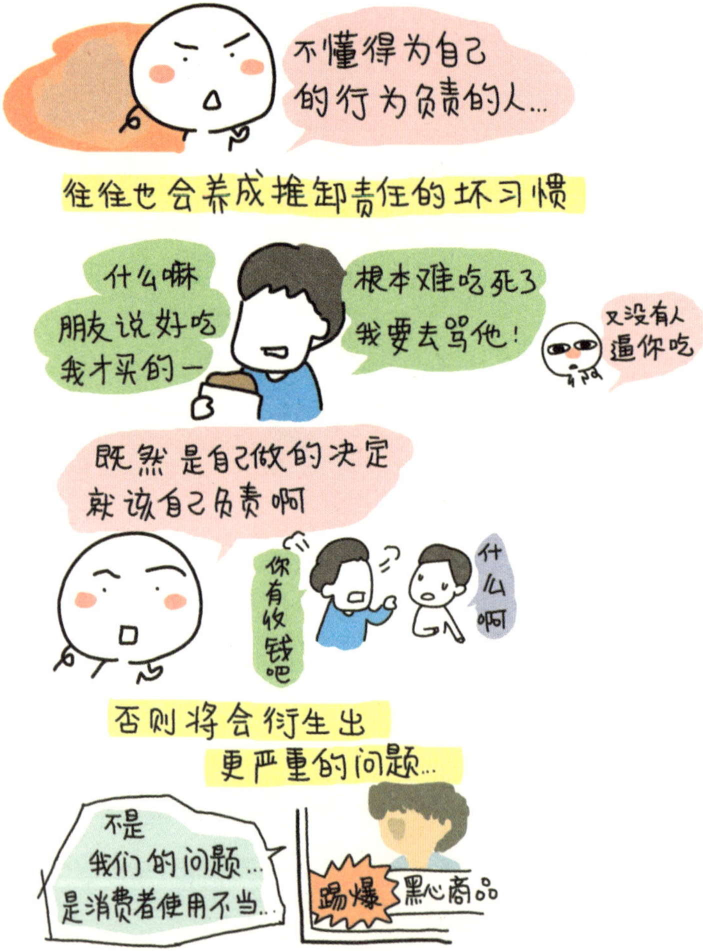
不懂得为自己
的行为负责的人…
往往也会养成推卸责任的坏习惯
什么嘛
朋友说好吃
我才买的—
根本难吃死了
我要去骂他！
又没有人
逼你吃
既然是自己做的决定
就该自己负责啊
你有收钱吧
什么啊
否则将会衍生出
更严重的问题…
不是
我们的问题…
是消费者使用不当…
踢爆
黑心商品

谨慎地选择
并且对自己负责
是每个人都要学习的
为何我会这样有感而发呢…
因为我买了别人推荐的内衣…
怎么
不好穿啊
…!!
哇啊!!
我会自己负责
不会怪别人的!!

想要每一步都走得踏实，

就要为自己的行为负责。

如果回到过去

高中的时候…

同学们都想好出路了…
志愿也都选好了…
只有我不知道…以后要干嘛…
没啥特长…成绩也不好…
长得又不正…
要选择重考还是就业啊？万一后悔了怎么办？
加入学生会练习站姿对以后又有什么帮助呢？
我的未来…会怎么样呢..？
唉…
好茫然喔…
回家看漫画好了
喂

嗨~~~!!!
哇啊!!!
你谁啊?
嘿嘿~我是
10多年后的你~
吓死人
你是哆拉O梦吗?
可以帮忙把
丢我的漫画
拿下来吗?
来告诉你
未来的事哨~
以后的我会变这么胖吗?
闭嘴~

那我以后会怎样?
哼哼
你以后会画画,出好多书变成作家
还会拍电影一做好多事情呢—!!!
新书发布
好恶心…
你在做什么梦啊~~!!!
怎么可能啊!!
噗
一起被打飞

而且这跟现在的我
又有什么关系？
我只是要跟你说…
未来有很多事是你料想不到的，
所以只要好好地做好现在想做的事就好了
痛…
是唷—
未来有无限可能!!
而且不管你做什么决定
都一定会有遗憾，
既然如此
不如就朝着当下的心意前进吧！
冰敷
顺带一提，
你30岁还嫁不出去
bye
报仇
噢噢!!

现在所做的一切事情都不会没有意义，

它们会成为未来人生的养分。

按部就班

好烦喔～
好多事情～
但都不想做啦
～～
滚来滚去
就像是…
快走啦!!
不然我们都不能动!!
叭
稿子
Blog
出去玩
运动
娱乐
常发生明明有很多事要做..
但一天下来什么都没做的恐怖结果
晚上了!!?
好快!
废人模式
但事情不做又不行…
……
没有
小精灵吗…?

其实我很清楚…
唔!
自责
时间不是不够
只是被我浪费掉了
一直抱着逃避心态所以才会做不完
事情太多
哪可能做完
休息
好烦哦
不想动
逃避
轟轟—
所以..我开始学会…
把要做的事情列成清单
晾衣
还书
整理房间
更新专栏
画稿

然后再照着清单逐步完成

做完一项就把它从清单上划掉

把事情慢慢完成

就像打电动要克服重重关卡一样

最后…
总算…全部做完了…
破关啦！
每次遇到创作压力时，我总会想到之前还不是熬了过来
当初画这地图
我以为我会死掉…
回想起来…
让我近一个月都
无法出门…
所以说，走得慢没关系
至少比站着不动好！
只要肯踏出
第一步
就成功一半啰！
附带一提，我还有个怪癖…
就是我连出门
都必须写计划表…
…不然我不能行动…
10:00 起床
化妆
早餐
10:30 准备
10:45 公车
11:30 到
我是哪方面
有障碍啊…？

事情做再慢也没关系，

只要完成一个个小目标，

就会把自己渐渐推向一个大目标。

放在对的位置

某天整理东西时..
怎么有这种奇怪的螺丝
哪用得到啊.
放好久了
丢掉好了一
等一下..那个东西..!?
这形状刚刚好呢!
我就是在找这种的啦
……
我认为无用的东西
放在合适的地方,
就会变成很重要的东西

如果你叫一个土著用电脑
你白痴啊！
但若换成是在森林野外求生…
好厉害…
因此，我们不应该随便否定别人
或许他只是"放错了位置"
五线谱
看不懂啊
科学家→
渔夫→
我不会画画啊…
我不会打扫…
那是你懒

大导演史蒂文.斯皮尔伯格
高中时成绩很差
但却在电影上
大放异彩。
大画家毕加索
本来想当诗人，
但后来发现
他的天份是绘画
童话大师安徒生
一开始想当剧场演员
说故事却更适合他
能够各尽其职
对社会就是很大的贡献
我的美貌
也是贡献
……
你还是画画吧

这个世界上没有无用的人事物
只会蹦蹦跳跳
笨！
只会帮娃娃换衣服
只会吃！
猪啊！
只要放在对的地方
绝对都能成为可造之材
运动健将
服装设计师
美食家
希望大家都能发现自己的长处，努力培养
在适合自己的舞台上尽情发挥～
那我只喜欢睡觉怎么办
……
你可以当寝具测试员
这也行！？

找到适合自己的位置，

好好扮演自己的角色，

做自己开心的事。

幼稚生活乐趣

我跟Fox哥有个幼稚的嗜好……
就是如果发现有人忘了东西..
走吧
我们会帮忙拿但偷偷藏起来
ㄎㄎㄎ
ㄎㄎㄎ
啥时会发现呢？

咦？你刚买的东西呢？
哎…？
不是提着…
←演技
啊!!
一定是忘在店里了!!
你们等我……
看好戏
哇哈哈在这啦~
干嘛不一开始
就拿出来~
喜欢看别人慌张就是我们幼稚的地方…
或是…
啊忘了带钥匙!!
叫KAY开门
我们会被杀的啊!
骗~你~的~
幼稚!!

但是有一次…
咦
?
奇怪?
相机咧?
咦?你拿走了吧—
没有啊
别闹了—
就没有咩—
相机咧
不会吧
哪去了—???
啊咧!
拿来啊
拜托说你是骗我的—!!!
你拿出来我不会生气的!!
相机你弄不见啦!!
有时幼稚是好事…
….真的发生时就会希望是假的啊.

我们出去拍照时也常搞笑
三连拍!
哈哈
好白痴喔
擦鞋小童!
爸爸~
...
老公今晚!
铜像
弯哥语录…
搞笑才是拍照的重点
我们身上都流着
谐星的血…
平常也有很无聊的对话..
讨论世界杯..
什么是调中啊?
球传到中间的意思
那如果有人要死了..
那是临终
怕睡过头的话..
要调闹钟
这是在考验默契吧~
生活当中真是充满乐趣啊..
走开啦
笨蛋!!
打电动中
PATAPON
成年人..
希望可以一直幼稚下去..
尤其是周围有个跟你一样幼稚的人…

只要用点心（少根筋），

生活处处充满乐趣与惊喜（惊吓）。

小贪心与大贫穷

某天上网买东西..
好了..下单...
咦？
嗯...超过350元可以免运费耶...
那我来凑一下好了
两天后货到了...
......
......我买这干嘛？
为了省20元的运费
多花100元买了不必要的东西
啊！折价券
哦—
消费可以抵100元
去吃吃看好了

呃..那我要单点个...
不好意思.
点套餐才能使用折价券哦
......
←套餐
结果吃太撑又没省到钱...
......
去出租店租DVD..
我们现在有
租三送一的优惠哦
要不要再挑一下?
噫?
所以
我现在还要
再挑两片喽～?

唔～要租什么啊～～？
又怕踩到雷
我是会先做好功课
才来租片的那种人..
临时叫我挑还真挑不出来..
就这样挑了半小时...
结果最后租到一部烂片，另一部没时间看
……
浪费时间！
根本没省到嘛..
所以说.
到底是赚到
还是亏到呢？
有时候人就是会因为贪心而损失更多..
啊!!!

我们必须学会衡量那东西是"需要"还是"想要"

毕竟不需要的东西再便宜都是浪费

只拿自己"需要的"对自己才是好的

即使是一点点小贪念，

都可能导致真正的贫穷。

计划赶不上变化

某天跟朋友喝茶..
天气好冷喔
我们过年时
去吃麻辣锅吧～
好啊—
到了过年之前..
忙线中
预约满了..
过年期间都订不到位置了—
那来我家煮
寿喜烧好了—
我身心都调整成
麻辣锅模式了捏
算了..反正
也蛮像的啦
麻辣岛
寿喜岛
目的变更!!
弟兄转舵!!

当天..
叮咚
我来了
不用准备材料吗?
喔!因为家里没锅子
所以..
咦咦!
吃热炒!?
炒青菜
我要一份三杯中卷
start
麻辣锅→寿喜烧→吃热炒
End
说好的麻辣锅呢?
不过也好久没吃热炒了
我爱炒面

我们曾经在台风天去花莲玩
休息
←轻便雨衣
虾毁!!
(台语什么)
随便乱骑还迷路
海！我看到海!!
喂！醒醒啊!!
海市蜃楼?
但我们却也获得别的体验
这是什么
去看看吧!!
发现新景点
骑向山却说有海的女人
烦耶!
取笑朋友的一个话题
这就像我们在赶地铁时…
铃铃铃
啊!

虽然没赶上那班拥挤的列车

却可以成为下一班车的第一个乘客

有些事情不一定要强求，得不到也不见得是损失

换个方向想，说不定也是一种收获

不过我这群朋友也挺随兴就是

计划得再周详也难免遇到突发状况，

与其失望懊恼，不如乐观面对。

自 己 的 选 择

小时候跟弯娘去百货公司…
在五点回家之前
你可以挑一个喜欢的东西，妈妈送你
真的吗~!!
于是我就…
好开心喔—
好烦恼~
挑什么好呢？

…这包20元的粘土是我之前想要的
彩色粘土
不行！这么难得的机会
只能挑一样…
应该挑更贵的东西才对！！
贪心的小鬼
……
时间一分一秒过去…
该回家啰～你不想买就算啰～
我什么都没挑啊！！

这故事告诉我们…
真是亏大了~
就像有些人在找工作时会好高骛远
福利好
薪水高
事情少
美女同事多
一味地设定许多不切实际的条件
结果搞得自己一事无成
薪水少
不要
离家远
不要
做事情最重要的就是要脚踏实地
好…先从…
有美女的公司
开始找!!
是从这先啊!?
你是有多色啊!!

想要一步登天，往往摔得更重

不如认清自己的能力，一步步累积实力

选择一个最适合自己的
才是最重要的

与其花费所有精力与时间寻找最大颗的石头，

不如找一颗握起来最舒服的。

一直在准备

常常有小朋友问我…
请问想靠画画维生第一步该怎么做？
首先最重要的就是
你要喜欢画画!!
咦—?!
那，怎么做才可以成功出名啊？
要等长大才能
做些什么吗？
等到万事俱备才行动的人
往往一动也不动！
就照着你的
兴趣与热情走吧!!
成功自然就会跟着来!!
咦——?!
咦—?!

我从小就喜欢画画
又画在墙壁上!!
报纸，日历就是我的涂鸦本
还好家人也很支持我(?)
反正你也只会画画不要做坏事就好
功课也很差
支持?
咦?!
所以我就一直做着喜欢的事—画画
为了投稿新人奖熬夜画漫画
读美术学校
请看《可不可以不要上学》一书
打广告
是可以的
后来因为不会邮寄而放弃..
笨~
放不进去
生活白痴
自费印刷参加同人志
快来买哦~!!

一直以来不曾抱着为了出名或赚钱的心态
只是很单纯地喜欢画画

直到有了Blog这东西
我的作品才被大家看见
若不是因为我有持续在画画，
也无法抓住这机会吧

机会是给准备好的人

成功的人往往都不是最优秀的人
而是肯坚持到最后的人

英国街头涂鸦大师Banksy说…

让自己声名大噪的时代已经过去了
只为了出名而画的艺术作品，绝对不会让你出名
名声是你做了一些其他事情的副产品
你不会因为想拉一坨屎，就去餐厅点道大餐

找到自己喜欢并且值得付出努力的兴趣是既可贵又幸运的

真正的成功是永远保持初衷，

让最初的梦想不断给予你力量。

遇到任何难关，
试着让想法转个弯，
继续鼓起勇气前进吧！

著作权合同登记号：图字01-2012-3809
图书在版编目（CIP）数据
转个弯，怎样都幸福 / 弯弯著. —北京：人民文学出版社，2012
ISBN 978-7-02-009218-5

Ⅰ. ①转… Ⅱ. ①弯… Ⅲ. ①人生哲学—通俗读物
Ⅳ. ①B821.49

中国版本图书馆CIP数据核字（2012）第118971号

责任编辑：文　珍
特约策划：王轶华
书籍装帧：汪佳诗

出版发行　人民文学出版社
社　　址　北京市朝内大街166号
邮政编码　100705
网　　址　http://www.rw-cn.com
印　　制　上海中华印刷有限公司印刷
经　　销　全国新华书店等
字　　数　3千字
开　　本　787×1092毫米　1/32
印　　张　4
版　　次　2012年7月北京第1版
印　　次　2012年7月第1次印刷
书　　号　978-7-02-009218-5
定　　价　25.00元